BEI GRIN MACHT SICH IHR WISSEN BEZAHLT

AF136355

- Wir veröffentlichen Ihre Hausarbeit,
  Bachelor- und Masterarbeit

- Ihr eigenes eBook und Buch -
  weltweit in allen wichtigen Shops

- Verdienen Sie an jedem Verkauf

Jetzt bei www.GRIN.com hochladen und kostenlos publizieren

Bibliografische Information der Deutschen Nationalbibliothek:

Die Deutsche Bibliothek verzeichnet diese Publikation in der Deutschen National-
bibliografie; detaillierte bibliografische Daten sind im Internet über http://dnb.d-
nb.de/ abrufbar.

Impressum:

Copyright © 2020 GRIN Verlag
Druck und Bindung: Books on Demand GmbH, Norderstedt Germany
ISBN: 9783346221018

Dieses Buch bei GRIN:

https://www.grin.com/document/900522

Niclas Gallwitz

Entwicklung der Psychologie

Aktuelle Themen und Trends

GRIN Verlag

GRIN - Your knowledge has value

Der GRIN Verlag publiziert seit 1998 wissenschaftliche Arbeiten von Studenten, Hochschullehrern und anderen Akademikern als eBook und gedrucktes Buch. Die Verlagswebsite www.grin.com ist die ideale Plattform zur Veröffentlichung von Hausarbeiten, Abschlussarbeiten, wissenschaftlichen Aufsätzen, Dissertationen und Fachbüchern.

Besuchen Sie uns im Internet:

http://www.grin.com/

http://www.facebook.com/grincom

http://www.twitter.com/grin_com

SRH Fernhochschule – The Mobile University

Studiengang Psychologie B.Sc.

Modul: Einführung in die Psychologie

Einsendeaufgabe

Alternative A

Niclas Gallwitz

Inhaltsverzeichnis

Inhaltsverzeichnis...2

Abkürzungsverzeichnis...3

Abbildungsverzeichnis..3

1. Aufgabe A1 4

   1.1. Entwicklung der Psychologie und die Gründung des ersten
psychologischen Labors 4

   1.2. Psychologie als eigenständige wissenschaftliche Disziplin...................5

   1.3. Forschungsansätze der experimentellen Psychologie vs.
geisteswissenschaftliche Methoden 6

2. Aufgabe A2 9

   2.1. Kognitive Wende – Begriff und Definition...9

   2.2. Einfluss der kognitiven Wende auf die weitere Entwicklung der
Psychologie 9

   2.3. Primäre Beschäftigung mit Denkprozessen und -strukturen vs.
motivationaler und emotionaler Prozess..10

3. Aufgabe A3 12

   3.1. Themen und Trends in der Weiterentwicklung der Psychologie als
angewandte Sozialwissenschaft..12

   3.2. Psychologie in den sozialen Medien...16

Literaturverzeichnis...18

Internetquellen 19

Abkürzungsverzeichnis

Abb.	Abbildung
Aufl.	Auflage
bspw.	beispielsweise
bzw.	beziehungsweise
etc.	und die übrigen [Dinge] (lat.: et cetera)
Hrsg.	Herausgeber
lat.	Lateinisch
o.O.	ohne Ortsangabe
S.	Seite(n)
Vgl.	vergleiche
vs.	gegen / im Vergleich zu (lat.: versus)
z.B.	zum Beispiel

Abbildungsverzeichnis

Abbildung 1: UV-IV-AV Schema 7

Abbildung 2: PSI-Theorie im Überblick 15

1. Aufgabe A1

In den Unterkapiteln **1.1.** und **1.2.** gehe ich zunächst auf die Geschichte und die Entwicklung der Psychologie ein und stelle dar, wie die Gründung des ersten psychologischen Labors die Psychologie als eigenständige wissenschaftliche Disziplin geprägt hat. Im Unterkapitel **1.3.** erläutere ich dann die Forschungsansätze der experimentellen Psychologie und stelle einen Bezug zu vergleichbaren geisteswissenschaftlichen Methoden her.

1.1. Entwicklung der Psychologie und die Gründung des ersten psychologischen Labors

Die Ursprünge der Psychologie liegen in der Antike und im Mittelalter. Die erste Berührung mit der Psychologie findet bereits in der Antike durch den griechischen Philosophen Aristoteles und der Auseinandersetzung mit dem „Leib-Seele-Problem" statt. Das „Leib-Seele-Problem" beschäftigt sich mit der Frage, ob die menschliche Psyche, in Form von Gehirn, Nervensystem und Anatomie, eine physikalische und biologische Materie ist oder ob sie eine Art Software des menschlichen Erlebens und Verhaltens ist, die Denken, Sprache, Emotionen, Motivation und Handeln steuert. Die griechische Philosophie legt damit den Grundstein für eine wissenschaftliche Auseinandersetzung mit der menschlichen Psyche. Im Mittelalter herrscht dann bis zur Renaissance im 15. Jahrhundert vor allem ein theologisches und klerikales (lat.: kirchliches / priesterliches) Geistesklima. Mit Beginn der Renaissance wird dieses mittelalterliche Denken weitestgehend überwunden. Mit der Diskussion verschiedener Philosophen, von Thomas von Aquin (1225 – 1274) über Johannes Duns Scott (1266 – 1308) bis hin zu Rene Descartes (1596 – 1650), entsteht eine Debatte über ein psychologisches und philosophisches Konstrukt, das bis heute die Psychologie beschäftigt. In der Romantik im 19. Jahrhundert werden dann die verschiedenen menschlichen Seelenzustände ein Thema und Empfindungen, Emotionen und Wahrnehmung stehen im Vordergrund der Psychologie. Durch sogenanntes „Reframing", also durch den Dialog bzw. die Verbalisierung, lassen sich Gedanken und Gefühle in einen neuen Kontext setzen.

Die Wahrnehmung und das Empfinden können kognitiv umprogrammiert werden und Verhalten gesteuert werden. Im 19. Jahrhundert entwickelt sich dann eine naturwissenschaftlich orientierte Ausrichtung in der Psychologie. Psychische Vorgänge, wie z.B. die menschliche Sinneswahrnehmung oder das Gedächtnis stehen im Vordergrund. Angeregt von psychologischen Experimenten, wird die experimentelle Psychologie, unter Einfluss von bspw. Gustav Theodor Fechner (1801 – 1887), der das sogenannte „Weber-Fechner-Gesetz" beschrieb, eingeführt. Fechner geht es vor allem um eine möglichst exakte und mathematische beschreibende- und berechenbare Darstellung sinnesphysiologischer Gesetzmäßigkeiten.[1]

Im Jahr 1879 wird dann das erste Institut für experimentelle Psychologie an der Universität in Leipzig gegründet. Mit eigenen Mitteln finanziert der Psychologe Wilhelm Maximilian Wundt das erste psychologische Labor der Welt.[2] Wundt vertritt die Auffassung, dass nur durch das Messen direkter Erfahrungen von Sinneseindrücken die Psychologie zu durchdringen sei. Wundt entwickelt daher mit seinen Kollegen eine ganze Reihe an Geräten, um allgemeingültige Erkenntnisse, anhand von Messungen, zu erzielen. Ein wichtiger Bestandteil der experimentellen Psychologie sieht Wilhelm Wundt in der instruierten und kontrollierten Selbstbeobachtung.[3] Insgesamt hat die Gründung des Instituts eine große Bedeutung für die weitere Entwicklung der Psychologie. Neben der Begünstigung eine Methodenlehre, integriert die Gründung Experiment, Statistik und Geschichte in die Psychologie. Zudem führt sie einen Aufstieg der empirischen Forschung in der Psychologie herbei.[4]

1.2. Psychologie als eigenständige wissenschaftliche Disziplin

Wilhelm Wundt gilt als der Begründer der Psychologie als eine eigenständige Disziplin. Zunächst arbeitet Wundt in der Neurophysiologie. Er benötigt jedoch psychologische Erklärungen, um beobachtete Sachverhalte aus seiner Arbeit in der Sinnesphysiologie erklären zu können. Wundt wendet sich der experimentellen Psychologie und Methodik zu und nutzt vor allem die

---

[1] Vgl. Mühlfelder (2017), S.9-14
[2] Vgl. Meischner (1999), S.35-36
[3] Vgl. Lück (2010), S.67-68
[4] Vgl. Lück (2010), S.74-75

Entstehungsgeschichte der Seele, auf die sich die Psychologie stützt. Bereits seine 1863 veröffentlichten Vorlesungen über die Menschen- und Tierseelen enthalten alle hauptsächlichen Interessengebiete der Psychologie.[5] Nach ihrer Begründung entwickelt sich die experimentelle Psychologie rasant weiter und ihre Verfahren und Forschungsmethoden finden in allen Gebieten der Psychologie Anwendung.[6] Die Erkenntnistheorie von Wilhelm Wundt wird vor allem durch die Theologie bzw. die theoretische Psychologie bestimmt. Seine philosophischen Auffassungen werden wesentlich durch Leibniz (1646 – 1716) beeinflusst. Dabei geht es um die Grundgedanken von Kontinuität, Dynamik und Entwicklung oder, wie Wundt es beschreibt, um Aktualität des Bewusstseinsprozesses, Instinkt- und Willenstätigkeit, sowie biologische Evolution und kulturelle Entwicklung.[7] Diese Theorie von Leibniz nennt sich Monadenlehre und beschreibt viele Grundgedanken der späteren Ganzheits- und Gestaltpsychologie. Zusätzlich beschäftigt sie sich mit der Vorstellung einer vorherbestimmten Harmonie bzw. Parallelismus von körperlichen und seelischen Funktionen.[8] Wundt wandelt diese Ideen in empirische, experimentalpsychologische Konzepte und Methode um. Er entwickelt ein zentrales theoretisches Konstrukt in der allgemeinen Psychologie und bildet somit das theoretische Fundament der allgemeinen psychologischen Entwicklungstheorie. Das bekannteste Werk Wundts sind die Grundzüge der physiologischen Psychologie (1874). Dieses verbindet die beiden Wissenschaften miteinander und behandelt sie als zwei gelichberechtigte und einander ergänzende Betrachtungsweisen. Die Grundzüge enthalten Themen über das Zentralnervensystem und die Neurophysiologie, welche auch in den heutigen Vorstellungen der Psychologie präsent sind.[9]

1.3. Forschungsansätze der experimentellen Psychologie vs. geisteswissenschaftliche Methoden

Die experimentelle Psychologie stützt sich hauptsächlich auf die Datenerhebung mithilfe der wissenschaftlichen Methode des Experiments.

---

[5] Vgl. Fahrenberg (2014), S.1681
[6] Vgl. Dorsch (2014), S.512
[7] Vgl. Fahrenberg (2014), S.1681
[8] Vgl. Ehrenstein (1983), S.77-82
[9] Vgl. Fahrenberg (2014), S.1681

Unter Laborbedingungen werden wissenschaftliche Studien kontrolliert durchgeführt und kausale Zusammenhänge bzw. Ursache-Wirkung-Beziehungen untersucht.[10] Dabei spricht man von einer sogenannten Kausalhypothese, wenn ein Merkmal die Ursache für ein anderes Merkmal ist oder anders ausgedrückt, eine unabhängige Variable, wie z.B. Intelligenz, auf eine abhängige Variable, bspw. die Schulleistung, wirkt.[11]

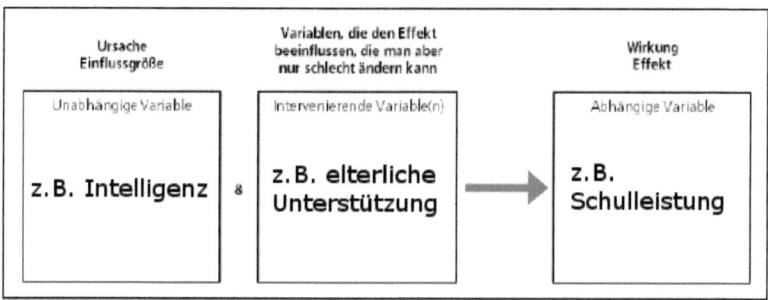

Abbildung 1: UV-IV-AV Schema (Quelle: eigene Darstellung, in Anlehnung an https://www.studocu.com/de/document/srh-fernhochschule-riedlingen/leadership/zusammenfassungen/lernkarten-zusammenfassung-leadership/1593329/view)

Die Aussagekraft des Experiments ist sehr hoch. Um eine klare Aussage über Ursache-Wirkung-Beziehungen zu treffen sind allerdings einige Bedingungen zu erfüllen. Zum einen muss eine Willkür im Experiment gegeben sein. Das heißt, Forscher können aktiv und in beliebiger Ausprägung die unabhängigen Variablen verändern bzw. manipulieren. Des Weiteren sollte die Versuchssituation so kontrolliert frei von unerwünschten Einflüssen bzw. Störvariablen und so wenig komplex sein, dass sie gut zu beschreiben ist. Außerdem müssen Experimente wiederholbar sein, so dass Ergebnisse und Interpretationen überprüfbar sind. Zuletzt sollte in einem Experiment ein hohes Maß an Kontrolle herrschen.[12] Sind diese Bedingungen nicht erfüllt, muss auf das sogenannte Quasi-Experiment zurückgegriffen werden. Dieses bietet sich

---

[10] Vgl. Mühlfelder (2017), S.73
[11] Vgl. Mühlfelder (2017), S.65
[12] Vgl. Becker (2020)

an, wenn bspw. die Zuordnung der Probanden zur Experimental- bzw. Kontrollgruppe nicht willkürlich erfolgen kann.[13]

Grundsätzlich lassen sich zwei Ansätze des Experiments erläutern.[14] Zum einen dient das Experiment zum Überprüfen bereits entwickelter Theorien, deren Ergebnisse man bereits aus Alltagserfahrungen kennt, zum anderen werden Beobachtungsbedingungen künstlich hergestellt, so dass Alltagserfahrungen nicht mehr ausreichen und man somit zu neuen wissenschaftlichen Erkenntnissen gelangt.[15] Wilhelm Wundt sieht vor allem Methoden der denkpsychologischen Forschung als geeignet an. Die experimentelle Psychologie 1879 in Leipzig konzentriert sich auf insgesamt vier Methodentypen:

- Eindrucksmethode (systematische Selbstbeobachtung)
- Reaktionsmethode (Messen von apperzeptiven Verarbeitungszeiten)
- Ausdrucksmethode (physiologische Registrierung motorischer und vegetativer Reaktion)
- Reproduktionsmethode (Reproduktionsaufgabe/Forschung des Gedächtnisses)[16]

Auch in der Geisteswissenschaft geht es um das Verstehen und die Bedeutung menschlichen Handelns.[17] Dabei geht es vor allem aber um den mentalen Bereich des Verstandes und um den geistigen Prozess bzw. einfach ausgedrückt um Emotionen und Denken.[18] Vor allem in der Romantik beschäftigt man sich mit den verschiedenen menschlichen Seelenzuständen und gewinnt psychologische Erkenntnisse durch Selbsterfahrung und Introspektion.[19] Introspektion ist eine psychologische Methode, die das Erleben und die Bewusstseinsvorgänge erfasst. Dabei geht es um Selbstbeobachtung, welche bspw. lautes Denken, verwendet. Auch introspektiv gewonnene

---

[13] Vgl. Mühlfelder (2017), S.73
[14] Kuhn, zitiert nach Haller (2012), S.3
[15] Heidelberger, zitiert nach Haller (2012), S.3
[16] Vgl. Fahrenberg (2014), S.1681
[17] Vgl. Bock (2000), S.33
[18] Vgl. Westermann (2000), S.40
[19] Vgl. Mühlfelder (2017), S.14

Aussagen können durch Kausaldeutungen beeinflusst sein. Diese lassen sich dann experimentell untersuchen.[20]

2. Aufgabe A2

Im Unterkapitel **2.1.** erläutere ich zunächst was mit dem Begriff „kognitive Wende" gemeint ist. Anschließend gehe ich in dem Unterkapitel **2.2.** näher darauf ein, wie diese Wende die Psychologie in ihrer weiteren Entwicklung beeinflusst hat, ehe ich im Unterkapitel **2.3.** die Grenzen der primären Beschäftigung mit Denkprozessen und -strukturen im Vergleich mit motivationalen und emotionalen Prozessen erläutere.

2.1. Kognitive Wende – Begriff und Definition

Die kognitive Wende bezeichnet den Wechsel von behavioristischen Lernansätzen hin zu kognitiven Ansätzen. Das Lernen wird dabei als Bildung komplexer mentaler Modelle und Wissensstrukturen verstanden. Diese Wendung findet in den 60er und 70er Jahren, vor allem durch die Entwicklung des Digitalcomputers und seine Verwendung als Modell für das menschliche Gehirn, statt. Im Kognitivismus geht es um die innerpsychischen Vorgänge in Form von Reizen und Reaktionen. Angeregt wird die kognitive Wende vor allem durch die Bedingungen und den Wunsch der Gesellschaft nach einer wissenschaftlichen Theorie über das Denken.[21]

2.2. Einfluss der kognitiven Wende auf die weitere Entwicklung der Psychologie

Die Psychologie ist lange Zeit ein Teilgebiet der Philosophie. In den Ansätzen Wundts geht es vor allem um das Bewusstsein des Menschen. Dies ändert sich mit dem sogenannten Behaviorismus. Dort heißt es, dass das Bewusstsein wissenschaftlich nicht erforschbar sei und nur äußere Bedingungen und dadurch hervorgerufene Verhaltensweisen allgemein zugänglich seien. Im

---

[20] Vgl. Spektrum (2000)
[21] De Witt & Czerwionka, zitiert nach Stangl (2020)

Behaviorismus geht es also um das Verhalten des Menschen.[22] Der Grund für die kognitive Wende liegt vor allem in der Kritik am Behaviorismus und dessen Forschungsansätze.[23] Ulric Neisser trägt schließlich maßgeblich zur Entwicklung der kognitiven Wende bei.[24] In seinem Buch „Cognitive Psychology" (engl. kognitive Psychologie) aus dem Jahr 1967 geht es um den Wahrnehmungsvorgang. Neisser ist der Auffassung, dass Erinnerungen Ergebnisse von Rekonstruktionen sind und diese nicht aufgrund von Emotionalität im Gedächtnis bleiben.[25] Im weiteren Verlauf der Entwicklung setzt sich immer mehr die Anwendung der Informatik bzw. der Computer Wissenschaften in der Psychologie durch. Kognition wird als Prozess der Informationsverarbeitung interpretiert. So finden in der Kognitiven Psychologie immer wieder Versuche zur Computersimulation psychischer Prozesse statt, in denen das klassische Konditionieren simulierbar gemacht wird. Es geht vor allem darum, Lern- und Denkprozesse vom Menschen im Computer zu simulieren.[26]

Insgesamt entwickelt sich durch die kognitive Wende eine neue Sichtweise in der Psychologie und sie trägt zur Entwicklung von Konzepten der künstlichen Intelligenz, über die Kybernetik bis hin zu diversen anderen Theorien, die das menschliche Handeln erklären, bei. Auch die Verhaltenstherapie wird durch die kognitiven Ansätze beeinflusst. Die kognitive Wende führt somit zu einem Wandel der Psychologie als Gebiet und Disziplin und ist heute ein weitverbreiteter Begriff zur Beschreibung einer kognitiven Orientierung der Psychologie.[27]

2.3. Primäre Beschäftigung mit Denkprozessen und -strukturen vs. motivationaler und emotionaler Prozess

Der Denkprozess ist eine höhere kognitive Funktion, die sich von einfachen kognitiven Funktionen wie Wahrnehmung, Lernen oder Gedächtnis

---

[22] Vgl. Holzkamp (1989), S.69-70
[23] Vgl. Lück (2014), S.903
[24] Vgl. Holzkamp (1989), S.70-72
[25] Vgl. Lück (2014), S.1162
[26] Vgl. Holzkamp (1989), S.73-74
[27] Vgl. Lück (2014), S.903

unterscheidet. Zudem grenzt sich das Denken klar vom Handeln ab, da das Denken die Grundlage für eine weitere Handlungsplanung schafft und geplantes Handeln vorbereitet. Allgemein ist Denken eine spezielle Form von Informationsverarbeitung, das dabei hilft, bildliche Vorstellungen und andere mentale Inhalte für eine zielorientierte Handlung zu fördern. Vergleichbar mit dem Denken, ist die Sprache. Denken hilft uns dabei Probleme zu lösen während Sprache dabei hilft, diese zu kommunizieren. Der Unterschied liegt darin, dass man beim Denken das Gespräch mit sich selbst sucht. Sprache richtet sich auf das Gespräch mit seinen Mitmenschen. Denkprozesse können mithilfe von verschiedenen Methoden erfasst werden. Introspektion und lautes Denken, aber auch die Computersimulation sind dabei Wege zur Datenerhebung von Denkprozessen.[28]

Eine primäre Beschäftigung mit Denkprozessen und -strukturen führt also dazu, dass man sich vor allem mit inneren Gefühlen und der Seele auseinandersetzt. Vor allem in Beziehungen, ob privat oder geschäftlich, stoßen Denkprozesse aber an ihre Grenzen und die Wahrnehmungsfähigkeit eigener und fremder emotionaler Prozesse steht im Vordergrund. Denkprozesse werden durch emotionale Vorgänge beeinflusst und ein gelungenes Zusammenwirken kognitiver und emotionaler Prozesse ist wichtig. Während also Denken die Vorbereitung geplanten Handelns schafft, steuern emotionale Prozesse das Handeln und Erleben. Die Fähigkeit dieser Prozesse nennt sich emotionale Kompetenz. Diese lässt sich durch Erfahrung und Einfluss entwickeln. Dabei geht es vor allem um die bewusste Wahrnehmung dieser Prozesse. Auch in diesem Fall ist Sprache ein wichtiger Faktor. Sie dient dazu, emotionales Geschehen zu Verstehen und vor allem für andere verständlich zu machen. Nur durch Worte lässt sich emotionales Erleben beschreiben.[29] Eng verbunden mit Emotionen ist die Motivation. Motivationale Prozesse beschäftigen sich mit der Frage, welches Ziel und welche Kriterien eine Person dabei verfolgt. Das Handeln aus Motivation erfolgt nur durch die Wünschbarkeit des angestrebten Ziels und nicht etwa durch Realisierbarkeit.[30] Insbesondere auf das Lernen bezogen, spielen Emotion und Motivation eine relevante Rolle. Emotion trägt

---

[28] Vgl. Funke (2014), S. 360
[29] Vgl. Oberdieck (2018), S. 1-2
[30] Vgl. Achtziger, Gollwitzer, Bergius & Schmalt (2014), S. 1050

12

zur Aufrechterhaltung bzw. zur Verringerung von Motivation bei, da sie die Entscheidungsprozesse im Gedächtnis beeinflusst. Emotionen und Motivation wirken sich somit sowohl positiv als auch negativ auf die Leistung bzw. den Lernprozess aus.[31] Lernen ist ein komplexer Prozess, der durch kognitive, emotionale und motivationale Faktoren beeinflusst wird. Dabei führt das Zusammenwirken dieser drei Faktoren zu entsprechenden Resultaten. Bei hinreichender Eigentätigkeit im Lernprozess können gute Ergebnisse sowohl hinsichtlich kognitiver als auch motivational-emotionaler Kriterien erzielt werden.[32]

3. Aufgabe A3

In Unterkapitel **3.1.** erläutere ich zunächst, welche aktuellen Themen und Trends die Weiterentwicklung der Psychologie als angewandte Sozialwissenschaft beeinflussen. Anschließend stelle ich in Unterkapitel **3.2.** an einem aktuellen Beispiel der sozialen Medien dar, wie die Psychologie dazu beitragen kann, soziale Phänomene zu beschreiben, zu erklären und Lösungen für gesellschaftliche Probleme zu entwickeln.

3.1. Themen und Trends in der Weiterentwicklung der Psychologie als angewandte Sozialwissenschaft

Seit ihren Anfängen als eigenständige wissenschaftliche Disziplin entwickelt sich die Psychologie stetig weiter und so entstehen, neben den weit verzweigten Grundlagen- und Anwendungsfächern, immer wieder neue Themen und Bereiche.[33]

Bei meinen Recherchen zu aktuellen Themen und Trends stoße ich häufig auf den Begriff der Positiven Psychologie. Ganz allgemein gesagt, beschäftigt sich die positive Psychologie mit der Forschung einer optimalen Entwicklung von Personen, Gruppen und Organisationen. In den letzten Jahren hat diese zunehmend an Bedeutung gewonnen und findet Anwendung vor allem im Arbeitskontext. Bei der positiven Psychologie im Arbeitsbereich geht es vor

---

[31] Vgl. Geppert & Kilian (2018), S. 234
[32] Vgl. Seifried (2003), S. 207-224
[33] Vgl. Mühlfelder (2017), S. 91

allem darum, Führungskräften Theorien und Konzepte aufzuzeigen, die ihre Führungsarbeit sowie die allgemeine Arbeitszufriedenheit innerhalb eines Unternehmens fördern sollen. Dazu gibt es verschiedene Konzepte. Positive Organizational Behavior (engl. Positives Organisationsverhalten) ist eine Forschungsrichtung, in dessen Anwendung es um positiv orientierte menschliche Stärke und psychologische Kapazitäten geht, um eine Leistungssteigerung am Arbeitsplatz zu fördern. Dabei geht es vor allem um die Begriffe Hoffnung, Selbstwirksamkeit, Resilienz und Optimismus. Diese Aspekte finden ebenfalls Anwendung im Konzept des Psychological Capital (engl. Positives psychologisches Kapital). Vorrangig wird dieses für persönliche Leistungsfähigkeit und Zufriedenheit am Arbeitsplatz eingesetzt. Daraus weiterentwickelt hat sich das Positive Leadership, das speziell auf Führungskräfte in Unternehmen angewendet wird. Darin geht es um Talente der Mitarbeiter, hohes Engagement sowie die passende Vision. Ähnliche Ansätze verfolgt auch die Positive Organizational Scholarship. Darin geht es um Entwicklungsmöglichkeiten, Motivation und Zufriedenheit von Mitarbeitern, in erster Linie aber um organisationale Leistungssteigerung. Allgemein konzentriert sich die Positive Psychologie auf positive Sinnstiftung bei der Arbeit, positive Emotionen und positive menschliche Beziehungen.[34]

Im Rahmen der akademischen Psychologie entwickelt sich ein neuer interdisziplinären Ansatz, der die Psychologie in den Mittelpunkt der wissenschaftlichen Betrachtung rückt. Das Ganze nennt sich Psychological Humanities und soll Reflexion im Zusammenhang mit Kritik an psychologischem Wissen und seinen jeweiligen Praktiken ermöglichen. Die Psychological Humanities geht dabei über eine rein analytische Betrachtung hinaus und beschäftigt sich mit Vorstellungen und Praktiken der Psychologie ebenso wie mit Prozessen der Psychologisierung. Es soll damit „eingreifendes Denken" etabliert werden, das neben kritischen Positionen auch konkrete Interventionsformen in der Forschung und der Praxis entwickelt. Der Kerngedanke dabei ist die Reflexion der Psychologie mit sich selbst.[35]

---

[34] Vgl. Tomoff (2018), S. 6-10
[35] Vgl. Malich & Keller (2020), S. 108-109

Vor allem im wissenschaftlichen Bereich, bspw. an Universitäten, entwickelt sich zudem zunehmend ein biologischer Ansatz in der Psychologie. Neurowissenschaftliche Forschung und maschinengestützte Grundlagenforschung rücken dabei in den Vordergrund.[36] Die Neurowissenschaft beschäftigt sich im psychologischen Kontext mit dem zentralen Nervensystem im Zusammenhang mit psychischen Prozessen. Einen unmittelbaren Bezug zur Neurowissenschaft hat auch die Kognitionswissenschaft.[37] Diese beschäftigt sich mit der empirisch-experimentellen Erforschung von Denkvermögen und mentalen Prozessen. Eng verbunden damit ist die Computerforschung sowie die künstliche Intelligenzforschung.[38] Vor allem künstliche Intelligenz ist ein aktuelles Thema. Die psychologische Intelligenzforschung basiert auf der sogenannten PSI-Theorie (Persönlichkeits-System-Interaktionen), die von zwei Arten der Intelligenz ausgeht. Die analytische Intelligenz und die intuitive Intelligenz. Die PSI-Theorie befasst sich mit der Beschreibung und Erklärung menschlichen Verhaltens und Erlebens unter Einbezug von Motiven, Affekten, dem Temperament sowie Zielerreichungs- und Selbststeuerungsprozessen. Dabei geht es in erster Linie um das situationsbedingte Funktionieren einer Person.[39]

---

[36] Vgl. Wittmann (2020)
[37] Vgl. Spektrum
[38] Vgl. Stefan (2020), S. 87-88
[39] Vgl. Schreiber, Gloor (2020), S. 163-165

Das PSI-Modell psychischen Funktionierens

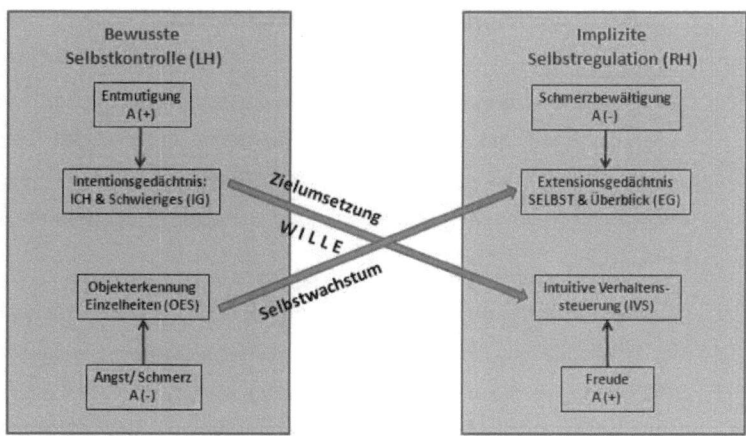

Abbildung 2: PSI-Theorie im Überblick (Quelle: https://lead-conduct.de/2012/10/29/motivationsmodelle-teil-2-die-psi-theorie-nach-julius-kuhn/psi-modell/)

Bei der künstlichen Intelligenz geht es darum, die autonome natürliche Entscheidungsintelligenz des menschlichen Gehirns nachzubilden. Anwendung findet sie heutzutage in Bereichen der Spracheverarbeitung oder der Gesichtserkennung. Aus psychologischer Sicht kann künstliche Intelligenz den Menschen nicht ersetzen. Allerdings wird sich in Zukunft zeigen, in welchen Arbeitsfeldern die künstliche Intelligenz weitere Aufgaben übernehmen kann.[40]

Auch in der Klinischen Psychologie wird weniger anwendungsbezogene Forschung betrieben, so dass Kernthemen der Psychotherapie vernachlässigt werden. Humanistische Therapieverfahren finden erneut Anwendung und werden um neue Aspekte ergänzt. Dadurch wird sich auch die Ausbildung in der Psychotherapie verändern. Missstände in der Arbeitswelt wie Arbeitsunfähigkeit aus psychischen Gründen steigen weiter an und so wird die Psychotherapie zu einem zunehmend wichtigen Faktor. Viele leiden aufgrund von Arbeitsverdichtung an Motivationsverlust, innerer Kündigung, Burn-out-Syndrom, Depressionen oder sogar Suchtmittelmissbrauch. Der

---

[40] Vgl. Schreiber, Gloor (2020), S. 171-173

Psychotherapie steht somit eine gesellschaftliche-kulturelle Aufgabe zu Senkung von psychischen Erkrankungen bevor.[41]

3.2. Psychologie in den sozialen Medien

Aus aktuellem Anlass möchte Ich mich in diesem Kapitel mit der Psychologie im Zusammenhang mit der COVID-19-Pandemie beschäftigen und im Zuge dessen näher auf den Begriff des „Social distancing" (engl. Soziale Distanzierung) eingehen und erläutern, wie Social Media dem entgegenwirken kann.

In vielen Ländern herrscht eine Ausgangssperre und auch in Deutschland sind die Möglichkeiten von sozialer Aktivität weitestgehend eingeschränkt. Die Gefährdung für die deutsche Bevölkerung wird vom Robert-Koch-Institut als hoch eingeschätzt. Um die Verbreitung einzudämmen, wurden Gegenmaßnahmen der Isolierung und der sozialen Distanzierung eingeführt. Soziale Distanzierung stellt eine Verhaltensänderung dar, wodurch eine Übertragung verhindert werden soll. Dabei hängt es immer davon ab, wie sehr sie von Einzelpersonen genutzt werden. Ein reduzierter Kontakt mit anderen Menschen verringert die Übertragung vieler Krankheiten. Schon kleine Veränderungen haben dabei große Auswirkungen.[42] Bei sozialer Distanzierung geht es vor allem darum, Abstand zu anderen Menschen außerhalb des eigenen Zuhauses zu halten und Menschenansammlungen zu verhindern. Das heißt den engen Kontakt mit anderen Personen einzuschränken.

Die psychische Verfassung leidet darunter, wenn soziale Kontakte und andere alltägliche Strukturen wegfallen. Auch Ängste können sich entwickeln. Diese spiegeln sich in den Gedanken, den Gefühlen, im Verhalten und im Körper wieder. Alle Faktoren hängen dabei miteinander zusammen, sodass es sein kann, dass es zu einer Zunahme von Depressionen, Ängsten und anderen psychischen Erkrankungen kommt, da durch Ausgangsbeschränkungen Hobbies und soziale Kontakte erschwert werden.[43] Dennoch ist es wichtig mit Familie, Freunden und anderen Menschen in Kontakt zu bleiben. Dabei kann

---

[41] Vgl. Wittmann (2020)
[42] Vgl. Reluga (2010)
[43] Vgl. Bartholomäus & Schilbach (2020), S. 3-4

Social Media eine Hilfe sein. Über die sozialen Medien lassen sich ganz einfach Inhalte teilen und so lassen sich Menschen durch den kreativen Umgang dazu animieren selbst aktiv zu werden und somit, zumindest für eine bestimmte Zeit, den Alltag zuhause angenehmer zu gestalten.[44] In sozialen Medien wird viel geteilt, was bei vielen Menschen zur Aufmunterung führen kann. Zudem bieten viele ihre Hilfe über Social Media an z.B., um dem Nachbarn einen Gefallen zu leisten oder ältere Menschen zu unterstützen. Des Weiteren wird auch finanzielle Hilfe geleistet in Form von diversen Spenden-Aktionen. Auch Stars bieten Konzerte und andere Live-Events an, so dass sich trotz Ausgangsperre solche Dinge erleben lassen.[45] Die sozialen Medien unterstützen eine gesellschaftliche Teilhabe.[46] Vor allem aber wird ermöglicht, die Zeit während Sozialer Distanzierung erträglicher zu gestalten.

---

[44] Vgl. Müller (2020)
[45] Vgl. Beilharz (2020)
[46] Vgl. Schmidt (2018), S. 112

Literaturverzeichnis

Achtziger, A., Gollwitzer, P., Bergius, R. & Schmalt, H. (2014): Motivation, in: M. A. Wirtz (Hrsg.), Dorsch – Lexikon der Psychologie (18. Aufl., S. 1050), Hogrefe Verlag: Bern.

Bartholomäus, M., Schilbach, L. (2020): Psychisch gesund bleiben während Social Distancing, Quarantäne und Ausgangsbeschränkungen auf Grund des Corona-Virus. Verhaltenstherapeutische Interventionen in einem Kurzprogramm zur Selbstanwendung, o.O.

Bock, Michael (2000): Kriminologie, Vahlen: München.

Bortz, J., Döring, N. (2016): Forschungsmethoden und Evaluation für Human- und Sozialwissenschaftler, 5. Auflage, Springer Verlag: Heidelberg.

Experimentelle Psychologie (2014): in: M. A. Wirtz (Hrsg.), Dorsch – Lexikon der Psychologie (18. Aufl., S. 512), Hogrefe Verlag: Bern.

Fahrenberg, J. (2014): Wundt, Wilhelm, in: M. A. Wirtz (Hrsg.), Dorsch – Lexikon der Psychologie (18. Aufl., S. 1681), Hogrefe Verlag: Bern.

Funke, J. (2014): Denken, in: M. A. Wirtz (Hrsg.), Dorsch – Lexikon der Psychologie (18. Aufl., S. 360), Hogrefe Verlag: Bern.

Geppert C., Kilian M. (2018): Emotionen als Grundlage für Motivation im Kontext des schulischen Lehrens und Lernens, in: Huber M., Krause S. (Hrsg.), Bildung und Emotion, Springer Verlag: Wiesbaden.

Haller, J. (2012): Experimentelle Psychologie: Eine Einführung, Oldenbourg Verlag: München.

Lück, H. E. (2010): Geschichte der Psychologie. Strömungen, Schulen, Entwicklungen (4. Aufl.), Kohlhammer Verlag: Stuttgart.

Lück, H. (2014): Neisser, Ulric, in: M. A. Wirtz (Hrsg.), Dorsch – Lexikon der Psychologie (18. Aufl., S. 1162), Hogrefe Verlag: Bern.

Lück, H. (2014): Kognitive Wende, in: M. A. Wirtz (Hrsg.), Dorsch – Lexikon der Psychologie (18. Aufl., S. 903), Hogrefe Verlag: Bern.

Meischner, W. (1999): Wilhelm Wundt, in: Lück, H., E., Miller, R. (Hrsg.), Illustrierte Geschichte der Psychologie, 2. Auflage, S. 35-40, Weinheim.

Mühlfelder, M. (2017): Einführung in die Psychologie, 1. Aufl., Studienbrief der SRH Fernhochschule, Riedlingen.

Schreiber, M., Gloor, P.A. (2020): Psychologie und künstliche Intelligenz (KI) – Parallelen, Chancen, Herausforderungen und ein Blick in die nahe Zukunft, in: Negri, C., Eberhardt, D. (Hrsg.), Angewandte Psychologie in der Arbeitswelt, Springer Verlag: Zürich.

Stefan, R. (2020): Zukunftsentwürfe des Leibes, Integrative Modelle in Psychotherapie, Supervision und Beratung, Springer Verlag: Wiesbaden.

Walach, Harald (2009): Psychologie: Wissenschaftstheorie, philosophische Grundlagen und Geschichte, 2. Aufl., Kohlhammer: Stuttgart.

Westermann, Rainer (2000): Wissenschaftstheorie und Experimentalmethodik. Ein Lehrbuch zur Psychologischen Methodenlehre, Hogrefe: Göttingen.

Internetquellen

Becker, F. (2020): Das Experiment in der Psychologie: Definition, Merkmale, Arten, https://wpgs.de/fachtexte/forschungsdesigns/experiment-psychologie-definition/, abgerufen am 01.03.2020.

Beilharz, F. (2020): Social Media und Corona – Fluch und Segen, https://felixbeilharz.de/social-media-corona/, abgerufen am 22.04.2020.

Ehrenstein, W. (1983): Über die Beziehung von Leibniz' Philosophie zur Gestalt- und Ganzheitspsychologie, 5. Aufl., S. 77-82, o.O., https://www.spektrum.de/lexikon/psychologie/leibniz/8689, abgerufen am 29.02.2020.

Holzkamp, K. (1989): Die „kognitive Wende" in der Psychologie zwischen neuer Sprachmode und wissenschaftlicher Neuorientierung. Forum Kritische Psychologie 23, S.67-85, https://www.kritische-psychologie.de/files/FKP_23_Klaus_Holzkamp.pdf, abgerufen am 30.03.2020.

Malich, L., Keller, D. (2020): Die Psychological Humanities als reflexives Moment der Psychologie, in: V. Balz und L. Malich (Hrsg.), Psychologie und Kritik, Springer Fachmedien: Wiesbaden, https://doi.org/10.1007/978-3-658-29486-1_5, abgerufen am 17.04.2020.

Müller, M. (2020): Corona-Krise als Sternstunde Sozialer Medien?, https://p.dw.com/p/3b5fZ, abgerufen am 21.04.2020.

Oberdieck, H. (2018): Emotionale Kompetenz – der Schlüssel zu gelingenden Beziehungen, https://www.emotionalekompetenz.net/wp-content/uploads/2018/10/Kongress-Reader_2011.pdf, abgerufen am 16.04.2020.

Reluga, T.C. (2010): Game Theory of Social Distancing in Response to an Epidemic, https://www.ncbi.nlm.nih.gov/pmc/articles/PMC2877723/, abgerufen am 21.04.2020.

Schmidt, J.H. (2018): Social Media, Medienwissen kompakt, Springer Fachmedien: Wiesbaden, https://doi.org/10.1007/978-3-658-19455-0_8, abgerufen am 22.04.2020.

Seifried, J. (2003): Der Zusammenhang zwischen emotionalem, motivationalem und kognitivem Erleben in einer selbstorganisationsoffenen Lernumgebung – eine prozessuale Analysedessubjektiven Erlebens im Rechnungswesenunterricht, in: van Buer, J. (Hrsg.), Berufliche Prüfung auf dem Prüfstand – Entwicklung zwischen systematischer Steuerung, Transformation durch Modellversuche und unterrichtlicher Innovation, Lang: Frankfurt, a.M., https://kops.uni-konstanz.de/bitstream/handle/123456789/12044/Seifried_2003_Der_ZusamZus amme_zwischen_emotionalem_motivationalem_und_kognitivem_Erleben.pdf?sequence=1, abgerufen am 16.04.2020.

Spektrum (2000): Lexikon der Psychologie. Introspektion, Spektrum Akademischer Verlag: Heidelberg, https://www.spektrum.de/lexikon/psychologie/introspektion/7425, abgerufen am 17.03.2020.

Spektrum (2000): Lexikon der Psychologie. Neurowissenschaften. Spektrum Akademischer Verlag: Heidelberg, https://www.spektrum.de/lexikon/psychologie/neurowissenschaft/10551, abgerufen am 23.03.2020.

Stangl, W. (2020): Stichwort: 'kognitive Wende'. Online Lexikon für Psychologie und Pädagogik, https://lexikon.stangl.eu/1174/kognitive-wende/, abgerufen am 23.03.2020.

Wittmann, Lothar (2020): Psychotherapie 2020: Trends, Chancen, Fehlentwicklungen, https://www.dgvt.de/aktuelles/details/?tx_ttnews%5Btt_news%5D=2512&cHacH =b52fbdf552fe795a2b7d96d21a3a536a, abgerufen am 08.04.2020.